El mundo del vino y su degustación

Aprenda a catar un vino

OSCAR H. ROJAS

Derechos de autor © 2020 Oscar H. Rojas
Todos los derechos reservados
Primera Edición

PAGE PUBLISHING, INC.
Conneaut Lake, PA

Primera publicación original de
Page Publishing 2020

ISBN 978-1-6624-8855-9 (Versión Impresa)
ISBN 978-1-6624-8856-6 (Versión electrónica)

Libro impreso en Los Estados Unidos de América

A mi padre Don Félix Hernán Rojas (1911–1981).

Índice

La misión del vino...7
El vino 9
Cepas nobles 13
Elaboración del Vino..17
Criterios para calificar un vino..........................20
Calificación del vino...23
Criterios asociados al gusto o boca......................25
Órganos que intervienen en la
 degustación o apreciación del vino 27
Tipo de degustación: general 29
Degustación 32
Tipos de degustación recreativas o enófilas 38
Conclusiones generales.......................................46
Vuelos 47
Credo de Michael Broadbent..............................55
Producción de vino en el mundo........................56
Bibliografía...59

La misión del vino[1]

El vino, tanto esa humilde e impersonal bebida que apacigua la honesta sed del trabajador como aquellos caldos añejos cuyo blasón engalanado honra el armorial de nuestras más bellas provincias, tiene una triple misión, es el vehículo de una triple comunión.

Ante todo, la comunión con la madre tierra de quien el recibe alma y cuerpo. En Segundo lugar, la comunión con nosotros mismos, el vino reconforta dulcemente, dilata y expansiona los elementos de nuestra personalidad y nos abre sobre el futuro las más bellas perspectivas. El vino es el maestro del gusto, el liberador del espíritu y el iluminador de la inteligencia. Por último, el vino es el símbolo y el

---

[1] Paul Claudet El nuevo gran libro del vino, editorial Blume, pg. 40 1987.

instrumento de la comunión social; la mesa establece un mismo nivel entre todos los comensales y la copa que va pasando nos empapa en indulgencia, comprensión y simpatía hacia nuestros vecinos.

El vino

El vino, la bebida más civilizada y también la más saludable de las bebidas según Louis Pasteur, es estudiada por varias disciplinas a saber: la viticultura (ampelografía, geografía, vitícola), enología, zimotecnia (selección de levaduras enológicas), historia, economía y arte.

Contenido alcohólico: los vinos de mesa tienen alrededor de 10 por ciento de contenido alcohólico; los vinos fortificados (Jerez, Vermouth, Oporto, Marsala, Madeira, Málaga) alrededor de 20 por ciento y las bebidas espirituosas alrededor de un 40 por ciento.

Las bebidas espirituosas es el nombre dado a bebidas alcoholizadas mediante alcohol añadido proveniente de la destilación, licores, aguardientes o aguas de vida, vinos aromatizados y fortificados, mistelas y licor de expedición en champañas que hacen parte de esta gran familia.

Se diferencian de las bebidas alcohólicas provenientes de la fermentación como el vino, cerveza, sidra que no hacen parte de las bebidas espirituosas.[1]

Los antecedentes se remontan más allá del año 2000 antes de Cristo. Los fenicios llevaron la viticultura a Andalucía hace cerca de 5000 años. Las culturas sumeria y egipcia desarrollaron la vitivinicultura. Los egipcios, inventores de la contabilidad para controlar la producción de cerveza, registraban con antelación vendimia, viñedo y elaboración del vino en ánforas (con vino), esas fueron las primeras etiquetas del vino. Los reyes asirios Semecherif y Nabucodonosor conocidos por el Código de Hammurabi fueron enólogos entusiastas y vivieron alrededor del año 800 a. C.

La civilización Greco-romana o mediterránea se basó en el trigo, el olivo y el vino, la única alternativa al agua. El néctar de los Dioses griegos —la Ambrosia— era una clase especial de vino. Y "vino tinto" es un color en la Odisea de Homero. Italia era conocida como Enotria-la patria del vino. Hoy Italia tiene más de 1,200 variedades de uva productoras

---

[1] 200 Larousse des alcohols. Jacques et Bernard Sell'e. Librerie Larousse 1982.

de vino. La adoración griega a Dionisio —dios del vino— y su equivalente romano Baco, democratizó el gusto por el vino. Dionisio, hijo de Zeus, nació dos veces, la segunda vez en el parto virginal de mujer mortal, él fue vid, su sangre vino. La deidad sumeria Gestin significa "vid o viña madre". En Egipto Osiris fue el dios del Vino al que frecuentemente llamaban "lágrimas de Horus" o "sudor de Ra" el dios Sol. Cristo dijo: "Yo soy el verdadero vino". El vino es importante en el ritual judío donde se condena su abuso. El cristianismo suprimió a Dionisio o Baco. El comportamiento licencioso de las bacanales fue considerado anatema por los primeros obispos, especialmente porque incluía mujeres quienes aún hoy en día sienten privilegio por esta bebida.

Los godos y vándalos de los reinos bárbaros eran sencillamente mediterráneos en carácter. Europa Occidental se independizó del Oriente por la expansión del Islam. Los árabes introdujeron el riego científico al sur de España, así como el arte de la destilación. Palermo, Córdoba y Bagdad fueron las grandes ciudades en los siglos IX y X cuando el Gobierno estaba en manos de la Iglesia. El Sacro Imperio Occidental nace como respuesta al desafío del Islam. Comienza un lento revivir de la civilización occidental, el vino y la sal eran los artículos preferidos de comercio durante la Edad Media. El salario del legionario romano era sal y dos botellas diarias de vino, arma estratégica, pues no toda agua era bebible y se dañaba si se almacenaba. Hacia el año 1000 los viñedos se incrementan en Occidente, cuando cae el Imperio Romano Occidental el clero preserva la vitivinicultura.

El vino ha jugado muchos papeles en la civilización, por ejemplo, en festejos y en ceremonias religiosas, como antiséptico y como medicina. El máximo salto cualitativo se dio cuando el hombre supo administrar el añejamiento del vino permitiendo almacenarlo aún por años, mejorando en barril y botella, así fue como nació el vino fino. Debido al papel que jugó en religiones y rituales el vino se hizo preponderante en la cultura Occidental. Es una historia de innovación técnica fascinante.

El hombre usa su inteligencia para solucionar la problemática que presenta la primera reacción química que encontró: fermentación y oxidación. La vitivinicultura es la agroindustria más antigua y el profesor Louis Pasteur, padre de la microbiología, lo hizo estudiando al vino.

Cepas nobles

Las cepas nobles fueron históricamente las consideradas como uvas capaces de producir un gran vino sin mezclas, también son consideradas uvas resistentes, que pueden desarrollarse en condiciones climatológicas adversas y que pueden envejecer, si las condiciones de almacenamiento son adecuadas, mejorando con el tiempo su calidad.

Geografía Vitícola: entre los 30 y 50 grados de latitud norte y sur es donde crece la vitis vinífera, pero con el uso de la escala de Winkler, integrales heliotérmicas de los profesores Brahnas y Huglin en Francia y el índice de Constantinescu del profesor Hidalgo en España, se siguen extendiendo los viñedos en el norte de Europa hasta Alemania, en América hasta Canadá en el norte, hacia el trópico y hasta la Patagonia. Sur África, Nueva Zelanda y el Sur de Australia son regiones vitivinícolas importantes.

Las estaciones vitícolas se encargan de propagar clones, injertándolos y proporcionándoselos a los viticultores de sus regiones. Francia sigue a la cabeza del mundo con sus estaciones de Montpellier y Colmar.

De cerca de 5,000 variedades de uva registradas por la ampelografía, muy pocas producen vinos finos. Las vitis americanas riparia, rupestris, vitis labrusca y rotundifola sirven como porta injertos para la vitis vinífera europea, pues la filoxera vastratix, insecto parecido a un cucarrón, siente fascinación por la vitis vinífera y cuando fue llevado de California a Francia en plantas de uva, destruyó el viñedo europeo. Los híbridos productores directos nunca dieron vinos finos de gran calidad, pero injertada la vitis vinífera europea se defiende de la filoxera que no le gusta el sabor de la raíz de la vitis americana usada como portainjerto y produce la misma calidad del clon o cepa noble de donde proviene.

Las principales variedades (Vitis Vinífera) empleadas en la elaboración de vinos finos son:

Blancas: Chardonnay, Chenin Blanca, Gewurztraminer, Gruner Vedliner, Moscateles, Muller-Thurgau, Pinot Blanca, Pinot Gris, Riesling, Sauvignon Blanca, Semillon, Silvaner, Trebbiano Toscano o Ugni Blanca.

Otras variedades son Alvarniho o Albarino, Aligote, Colombard, Cortese, Garganega, Macabeo o Viura, Marsanne, Melon de Borgona, Palomino,

Parellada, Pedro Ximenes, Rkatsiteli, Thompson sin semilla, Torrontes, Viognier, Xarel-lo.

Tintas: Cabernet Franc, Cabernet Sauvignon, Gamay, Garnacha o Grenache, Malbec, Malvasia, Merlot, Nebbiolo, Pinot Noir, Sangiovese, Syrah, Tempranillo, Tinta Nacional, Zinfandel.

Otras variedades: Alicante Bouchet, Barbera, Bonarda, Carignane, Cinsaut, Corvina, Graciano, Molinara, Mouvedre, Petit Verdot, Pinot Meuniere, Rondinella, Tannant o Gaston Harriere, Torontel.

También se emplean híbridos productores directos como Bacco, Concorde, Criolla, Cereza, Isabella, Vidal y otras.

Los vinos del Nuevo Mundo los caracteriza la cepa (vitis vinifera europea) empleada en su elaboración. En el Viejo Mundo el "terroir" o terruño juega un papel muy importante dentro de las denominaciones de origen; terruño que incluye prácticas ancestrales de cosecha, proceso de la vendimia y vinificación.

La mayoría de las cepas tintas nobles provienen de Francia, seguidas de las provenientes de Italia y España. Vinos blancos finos encontramos también en Alemania, Austria y Suiza en el Viejo Mundo, pero se consiguen en todos los países productores de vinos finos.

Elaboración del Vino

Las uvas maduras tendrán mayor o menor contenido de azúcar acorde a la exposición solar, por eso hay vendimias o añadas especiales como las de 1976 en Europa o la de 1999 en California, donde se registraron excelentes y prolongados veranos. En el siglo XXI por el calentamiento de la Tierra hemos tenido vendimias fantásticas. Los viñedos además en latitudes norte y sur como serían los ubicados en Alemania o Canadá al norte y Nueva Zelandia al sur, los ubican cerca de la costa o de un lago o río para aumentar la reflexión solar. Esas uvas se vendimian o cosechan y se llevan al lagar (recipiente donde se pisa o prensa la uva para obtener el mosto) o patio de prensado. Hoy se emplean prensas neumáticas que en ningún momento trituran, así sea en mínima parte, las semillas. En el pasado se hacía con los pies, ya que estos no trituran la semilla o pepa. El escurrido de primera, segunda o tercera prensada nos da el mosto o jugo de uva listo para fermentar. Los profesores Amerine y Joslin de la Universidad de California, nos enseñaron que fermentaciones lentas a bajas temperaturas dan mejores vinos que las fermentaciones rápidas. El azúcar de la uva se transforma en alcohol y anhídrido carbónico CO_2. Culminado el proceso de la fermentación se aplica anhídrido sulfuroso SO_2 para matar o culminar totalmente la fermentación. Se pasa a la clarificación utilizando proteína mineral (bentonita), o animal (clara de huevo, gelatina, colapiz u otro elemento que precipite al fondo partículas o capas), o la clarificación química o azul empleada en Alemania. Se trasiega o pasa a otro recipiente (cuba, tonel, tanque, barril), separando el caldo (mosto fermentado) de las heces. Ese caldo se deja reposar, se vuelve a trasegar para algunos vinos tintos finos, se bonifica y se procede a la filtración. Hoy en día existe la microfiltración, así que por ningún motivo consuma vino turbio, esa turbidez puede obedecer a bacterias, las cuales deben evitarse.

Luego de la filtración se envasan los vinos blancos, exceptuando el Chardonnay que se puede vinificar como si fuese tinto, sometiéndolo a la fermentación maloláctica donde el ácido málico se transforma en ácido láctico mediante el empleo de bacilos búlgaros, los mismos que se usan para elaborar yogurt. Los vinos tintos se dejan añejar en barricas de roble. En Europa las barricas son de roble americano y en América se emplean las de roble limousine francés, una de esas paradojas del mundo del vino.

El vino es un ser vivo que sigue creciendo en la botella, por eso hay que cuidarlo. La temperatura de almacenamiento no debe superar los 55 grados Fahrenheit o 18 grados centígrados. Así como tenemos bibliotecas para almacenar libros, debemos contar con enoteca (colección de vinos). En climas cálidos y, especialmente, en los húmedos, una enoteca fría o enfriador es aconsejable, pues en la nevera puede contaminarse de olores extraños; almacénelo lejos de sustancias olorosas que pueden dañar al vino (gasolina, acetona, ajo, cebolla, perfume, especias o condimentos). Si la humedad ambiental supera los 90 grados el vino se malogra.

Criterios para calificar un vino

La cata, degustación y apreciación del vino no es un arte arcaico o complicado. Se ha movido de ser una técnica del oficio a un pasatiempo para el aficionado, porque reúne lo estético, lo técnico y lo sensual.

Historia intrigante de la innovación técnica, cuando el hombre usó su inteligencia para enfrentar el problema que presentaba la primera reacción química, fermentación y oxidación. Los egipcios gravaban la vendimia o añada, viñedo y elaborador del vino en ánforas individualizadas, fueron las primeras etiquetas del vino, la etiqueta es denominada el embajador del vino.

El vino ha sido utilizado para ceremonias religiosas; como antiséptico y como medicina. El vino ha jugado muchos papeles en la tragicomedia de la vida de la humanidad. Cuando el hombre dominó la habilidad de añejar el vino, permitiéndole almacenarlo por años, bien sea en barrica o botella, fue como nació el vino fino. Por el papel que jugó en religiones y rituales, el vino alcanzó un papel preponderante en la Cultura de Occidente.

Los griegos celebraban a Dionisio, el dios del vino, hijo de Zeus. Dionisio nació la segunda vez de mujer virgen. Él era la Vid, su sangre era el vino en la mitología griega.

La deidad Gestin en la cultura sumeria significa "madre de la cepa madre". Vid es vida en el desierto.

En Egipto, Osiris era la diosa del vino. Al vino le llamaban "lágrimas de Horus" o "Sudor de Ra" (el dios sol). Cristo dijo: "Yo soy la vid verdadera". El vino es importante en el rito judaico donde se estimula a beberlo con moderación. Fueron los primeros obispos cristianos quienes suprimieron las deidades greco-latinas Dionisio o Baco, pues no les gustaba el papel de la mujer en las célebres bacanales, fiestas en honor del dios del vino.

El vino difiere según su origen o variedad de cepa, técnica de elaboración y sistema de añejamiento, pero es el origen el que le imprime su carácter.

Cuando los sabores del plato casan con el carácter del vino, se consigue la mejor asociación sinérgica, tendremos experiencia gastronómica y enológica sublime que perdura en nuestro recuerdo, ejemplo: un buen cabernet sauvignon con un filet mignon.

Calificación del vino

Gran Vino (excepcional) Chateau Margaux, Chateau Petrus, Don Melchor, vino fino (Marques de Arienzo/Riscal, Catena Alta Malbec, Barolo), vino corriente (con pocas características sobresalientes un vino de mesa agradable, pero que no permanece en nuestro recuerdo), vino pobre (deficiente), inaceptable, intomable o imbebible. Así calificamos los vinos.

Visual: superficie material que flota o no, debe ser resplandeciente, brillante, reflectiva y limpia.

Limpidez/claridad: levantamos nuestra copa de cristal tulipán, tomándola de la base o tallo para no impregnarla de sudor y la miramos hacia el sol. Probaderas de plata usadas por sommeliers en sótanos o comedores oscuros con la ayuda de la luz de la vela, poco se usan para apreciar si hay o no turbidez.

Profundidad/luminiscencia: nos indica visualmente pigmentación, taninos, extracto seco y otros elementos del vino.

Tintura/matiz: nos indica mucho sobre la evolución del vino, reflejando edad y condiciones de almacenamiento.

Olfato/nariz.

Intensidad/pureza: debe oler limpio.

Aroma: debe ser característico de la cepa o variedad de vid o vides de donde proviene.

Bouquet: olores compuestos creados por la fermentación, añejamiento que se expresan en términos de complejidad, así como falencias olfativas que presente el vino.

Armonía/balance: armonía de todos los compuestos odoríficos logrados a través de la madurez del vino.

Tacto/toque: cuerpo la boca detecta la textura del vino.

Astringencia (uva y madera): indica bondad para seguirlo añejando, debemos juzgarlo ya si se puede tomar directamente sirviéndolo de la botella o necesita un decantador para mermarla.

Criterios asociados al gusto o boca

Intensidad, pureza limpia, sin defectos: intensidad en boca no le da una buena calificación, puede ser una esencia agregada, no resultado natural de fermentación y añejamiento.

Dulzor: no es dogmáticamente positivo o negativo, más bien se relaciona con cómo termina en la boca y si es compatible con otros componentes del vino, por ejemplo, termina limpio o nos queda una sensación de gusto demasiado dulce o empalagoso.

Acidez total, o exceso de ácido málico y/o acético lo que devalúa al vino: importante en vinos blancos, no tan importante en vinos tintos.

Amargo: elemento controvertible y controvertido según algunos jueces. Preguntémonos, ¿es detectable hasta llegar a un nivel ofensivo? ¿Es apropiado para el vino evaluado o no lo es?

Armonía/balance: madurez y calidad, los elementos del gusto deben combinar, casar o armonizar entre sí.

Sabor (nariz y gusto): técnicamente sabor es definido como la suma de nuestro olfato, gusto y sentido común químico de nuestro cuerpo.

"After taste" perduración: combinación de nuestra evaluación del gusto más el olor o estimulaciones nasales (incluyendo olores en boca) y su intensidad y/o distingibilidad.

Persistencia: duración del acabado luego de ingerido; hace referencia solo al sabor positivo del vino.

Esa duración se mide en segundos, algún tratadista argentino le llamaba calendas.

Calidad en conjunto, no revisa los criterios anteriores, más bien juzga que tan bien se ajustan todos esos elementos en conjunto, se evalúa al vino como entidad única, no por sus componentes individuales, sin embargo refleja la tendencia de las evaluaciones anteriores.

Nota: para nada evaluamos alcohol. En bouquet y en armonía/balance está incluido. Los vinos de mesa tienen entre 10 a 12 grados de alcohol, vinos compuestos, fortificados o licorosos tienen más alcohol.

Órganos que intervienen en la degustación o apreciación del vino

La vista o el ojo nos permite ver si el vino es claro o turbio, también nos permite apreciar el color.

La nariz u olfato, desde las fosas nasales hasta el seno nasal nos permite detectar aromas que llegan al bulbo nasal y de manera retronasal cuando los vapores se eleven a través de la parte trasera del paladar o paladar blando. La boca y la nariz están unidos a través de la garganta. El paladar blando permite que los vapores del vino lleguen al bulbo nasal.

El bouquet o aroma terciario se desarrolla con la edad del vino, tanto en barrica como en botella. El proceso de añejamiento de alcoholes, ácidos, esteres, enzimas y otros compuestos químicos del vino crean el bouquet en el mismo.

La boca o sabor, la lengua con sus papilas gustativas nos permite detectar los sabores. La punta de la lengua detecta el dulce; la parte trasera el amargo; laterales adyacentes a la punta la sal y laterales traseros la acidez. Las papilas ubicadas en el centro de la lengua nos dan la sensación de calor o frío (tacto). La sensación de calor nos indica el alcohol en el vino.

Tipo de degustación: general

Nuevo Mundo, Zinfandel Blanco/Blush (rosado), Corbett Canyon, *The Wine Group California USA.* 10 por ciento de alcohol en volumen, US $3.99/botella precio al detal, jugoso y al alcance de todos. Rosado pálido elaborado con uva zinfandel, refrescante y ligero al paladar, excelente vino para el verano, limpio, maravilloso como aperitivo. Vino reductivo, afrutado, muestra solo la fermentación alcohólica.

Viejo Mundo, Cava Espumoso, Freixenet Carta Nevada, Brut. Cataluña España, 11.5 por ciento de alcohol en volumen, US $8.99/botella al detal. Método champagnoise o tradicional, sabroso, irresistible con exquisito balance. Textura suave, enmascara su acidez elevada. Como aperitivo con la cena o como bajativo con el postre, siempre bienvenido desde el desayuno al anochecer. Cepas perellada, xerello y macabeo. Extraseco o Brut, elegante.

Nuevo Mundo, Chardonnay, Frontera, Concha y Toro, Valle del Maipo, Chile 13 por ciento de alcohol por volumen, US$3.99/botella al detal. Sabor definido por pera madura con acento de mango, deleitable, completo con vigorosa acidez que mantiene la madurez del vino, recomendándolo como aperitivo refrescante al paladar antes de la comida, como acompañante de comida ligera de mar o agua dulce. Vino seco con fermentación alcohólica, no se detecta fermentación maloláctica.

Nuevo Mundo, Merlot, Undurraga, Valle de Alchagua, Chile 13 por ciento de alcohol en volumen, US$5.99/botella precio al detal. Rojo rubí con tonos violeta, suave, ajustado, aromático, ligero y bien redondeado. Ideal para acompañar pastas y platos con carnes blancas. Vino seco con fermentaciones alcohólica y maloláctica.

Viejo Mundo, Rioja, Tempranillo, Marques de Arienzo, Domecq S.A., El Ciego Rioja España (adquirido por Marqués de Riscal), Región Norte. Años en barril y en botella, vino de crianza. Variedad tempranillo mezclado con menos del 25 por ciento de graciano, 13 por ciento de alcohol en volumen. Cosecha 1988, US$9.19/botella al detal. El clima de la Rioja lo regula su ubicación intermedia entre el Océano Atlántico y el Mar Mediterráneo. El

Atlántico provee la brisa fría en esta zona templada, por lo general, lo que le aporta ese toque de acidez a los vinos. Bajo la ley no se permite venta de gráneles. Es la única región a la que en España se le ha otorgado la denominación DOC Denominación de Origen Calificado, estatus conferido por el Gobierno Español. Vino redondo, equilibrado con el sabor posterior característico de un buen vino.

Degustación

La degustación del vino es el examen sensorial y evaluación del mismo, mientras que la práctica es tan antigua como la elaboración, una metodología más formal se estableció a partir del siglo XIV.

Catadores profesionales modernos como sommeliers y/o compradores de establecimientos que venden al detal, usan una terminología especializada que evoluciona constantemente, la cual es usada para describir el rango de sabores percibidos, aromas y características generales de un vino.

Degustaciones recreativas son más informales, también pueden utilizar terminología similar, empleando procesos analíticos menos estrictos para una apreciación general personal.

Cuatro (4) etapas de la degustación: apariencia (a la vista), "en la copa" aroma del vino, "en la boca" sensaciones del vino, "terminado" (finalizado retronasal), las que se combinan para establecer las propiedades del vino. Así analizamos complejidad y carácter, potencial de añejamiento o si debe consumirse joven y escudriñamos falencias o defectos.

La evaluación de la calidad basada en este examen sigue descripciones cuidadosas y comparaciones con estándares establecidos, tanto con respecto a otros vinos y a su rango de precio acorde con factores reconocidos, relacionados con la región o cepa; si es típico de la región o diverge en estilo; si se utilizó cierta técnica de vinificación como fermentación en barril o si se detecta fermentación maloláctica o algunas características distinguidas o inusuales.

Mientras los vinos, regularmente, son degustados aisladamente, una evaluación de la calidad del vino es más objetiva cuando se degusta contra otros vinos en lo que se conoce como "vuelos de degustación o vuelos de cata". Los vinos pueden ser seleccionados por la variedad de uva o cepa de procedencia (degustación horizontal), o procedencia de una sola bodega (degustación vertical), para comparar mejor viñedos o añadas, respectivamente. Alternativamente, para promover un análisis imparcial, botellas y, aun, copas, pueden mimetizarse en una degustación "a ciegas" para descartar el conocimiento prejuiciado tanto de cepa como de bodega.

Hay cinco pasos a seguir en el proceso de la degustación: color, batir, aroma, sorber y sabor. Mire, bata, huela, suerba y saboree. Debe buscarse claridad, carácter varietal o de la variedad de cepa, integración, expresión, complejidad y conectividad.

El color del vino puede juzgarse mejor contrastando el vino con un fondo blanco. Se coloca la copa en un ángulo que permita ver los matices del color del vino, estos dan claves o indicios de la variedad de uva y si el vino fue añejado en madera. El aroma del vino es detectado por la nariz, antes de ingerirlo aportando olor, primera impresión.

La boca es un órgano grande con muchas partes de significancia para la apreciación del vino. Los sabores básicos son dulce, ácido, salado y amargo. El gusto nos lo da el sabor, segunda impresión.

Los aromas que desprende el vino que se tiene en la boca alcanzan a penetrar las fosas nasales desde la parte trasera de la garganta. Luego de ingerir el vino las sensaciones persisten a causa de los estímulos y también pueden emerger otras sensaciones. Los centros del sabor son la lengua, nariz y pasaje retro nasal de nuestro paladar.

El bouquet es la experiencia total aromática del vino, tercera impresión.

EL MUNDO DEL VINO Y SU DEGUSTACIÓN

Al sorber el vino, las papilas ubicadas en la superficie de la lengua nos indican el cuerpo. Hacemos buches moviendo el vino alrededor de la boca, así lo calentamos llegando a más puntos de sabor y al ingerirlo podemos apreciarlo, ingresando al pasaje retronasal, haciendo más evidente los sabores y aromas.

Un degustador busca analizar la integración del vino, un vino balanceado se dice que ha logrado una fusión armoniosa. La expresividad es la calidad que posee el vino cuando sus aromas y sabores están bien definidos. La conectividad del vino es más difícil de describir, pues tiene que ver con el origen del sitio geográfico, terreno o "terroir". Vinos del viejo mundo detentan esta característica por las denominaciones de origen. Vinos del nuevo mundo se caracterizan por la cepa o cepas empleadas en su elaboración.

La armonía en el sabor y el olor son muy importantes. La suma o el todo debe ser superior a las partes, debe haber sinergia. La medición de un buen vino está asociada con la duración del final del vino una vez ingerido y usando el pasaje retronasal para apreciar su bouquet.

Las notas de cata o de degustación hacen referencia al testimonio escrito del degustador o catador sobre la claridad, color, aroma, identificación del sabor, acidez, estructura, textura y balance de un vino.

Los vinos espumosos deben servirse a 6 ºC o 43 ºF (Champagne, Cava, Prosecco).

Blancos ligeros 7 ºC o 45 ºF (por ejemplo: Sauvignon, Riesling, Macabeo).

Blancos con buen cuerpo Chardonnay añejado en barril 10 ºC o 50 ºF.

Tintos de cuerpo ligero 13 ºC o 55 ºF (por ejemplo: Pinot Noir, Tempranillo, Merlot).

Tintos de buen cuerpo 15 ºC o 59 ºF (por ejemplo: Cabernet Sauvignon, Garnacha, Shiraz).

Vinos dulces 8 ºC o 46 ºF (por ejemplo: Olorosos, Moscatos, Oportos).

La copa de cata está regulada por la Organización Internacional de Estandarización ISO[2], copa tulipán ovalada 150XL5 (para cada tipo de vino hay copa adecuada, para cata o degustación hay un solo tipo de copa la 150XL5).

El acto de pensar y concentrarse en cada uno de los pasos, diferencia la degustación del vino de las simples calificaciones, la calificación se evalúa apariencia (ojo), olor (nariz) y paladar

---

[2] Análisis sensorial – Aparatos – Copa de Cata para vino (correspondiente a la Norma ISO 3591:1977).

(boca), conjunto. En la degustación o cata se hace un análisis sensorial u organoléptico. Los enólogos hacen variedad de pruebas en la degustación, los enófilos no necesitan tanta sofisticación para gozar una degustación recreativa. Los enólogos catan y si son muchos los análisis escupen, pues, con el solo contacto de cantidad de vinos en su labor diaria están absorbiendo alcohol en su cuerpo, los enófilos no viven de degustar, gastan para degustar (recreativamente). El enólogo degusta para vivir (deber del trabajo), el enófilo vive para degustar (pasa tiempo).

Por cortesía hay que colocar escupidera en toda degustación, agua para limpiar el paladar y pasaboca neutro como pan francés. Ya está pasado de moda que el bodeguero pruebe y escupa en el piso, practica del obrero en los siglos XIX y mitad del siglo XX. Hoy en día las bodegas ofrecen visitas guiadas y degustaciones contando con salas adecuadas para este fin. Los enólogos presentan los vinos y manejan las degustaciones en visitas a las bodegas.

Tipos de degustación recreativas o enófilas

Degustación general: se prueban vinos de diferentes estilos. Debemos comenzar por los más ligeros blancos secos, luego blancos con cuerpo. Acorde con el dulzor; secos, semisecos y luego dulces. Tintos ligeros y luego tintos con cuerpo. De acuerdo con el color iniciamos con blancos, luego rosados y tintos al final.

EL MUNDO DEL VINO Y SU DEGUSTACIÓN

Degustación vertical: el mismo vino a través del tiempo, cortes verticales según añada. Se comienza por el más joven y se avanza hasta terminar con el más añejo.

Degustación semiciega: los degustadores o enófilos tienen información limitada como región o cepa, pero desconocen añada (cosecha), productor o producto.

Degustación o cata ciega: el degustador intenta descubrir que vino es. Muy difícil, se necesita conocer las regiones vitivinícolas a nivel mundial y las principales variedades de cepas usadas en la elaboración del vino. Master Sommeliers y egresados del programa de la Oficina Internacional del Vino en París se entrenan en este tipo de degustación.

Degustación comparativa: estilos similares de vinos (como tintos pesados de distintas regiones, o vinos de diferentes bodegas de la misma región), se degustan y comparan entre sí.

Hojas de degustación:

La más usada es la de puntaje total de 20. Vinos que obtienen entre 18 a 20 puntos son excelentes, 15 a 17 puntos son muy buenos; 12-14 puntos son buenos; 9 a 11 puntos son vinos considerados promedio; de 7 a 8 puntos es un vino aceptable, de 4 a 6 puntos es un vino pobre y de 1 a 3 puntos es un vino extremadamente pobre.

Dentro del contenido de la hoja de degustación encontramos los siguientes criterios, así:

Nombre del Degustador						
Vino						
Fecha						
Muestra No.	Apariencia (Claridad/Color)	Aroma y Bouquet	Sabor	After Taste	Impresión total	Puntaje
1						
2						
3						
4						
5						

EL MUNDO DEL VINO Y SU DEGUSTACIÓN

Nota: para los vinos espumosos aplica la siguiente hoja de degustación:

Nombre del Degustador						
Vino						
Fecha						
Muestra No.	Apariencia *(Espuma/ burbujas/Claridad/ Color)	Aroma y Bouquet	Sabor	Impresión total	Puntaje	Notas / Comentarios
1						
2						
3						
4						
5						

Añada:
Productor:
Denominación:
Estilo:
Evaluación Visual:
Espuma:
Burbujas:
Color:
Evaluación por nariz:
Aromas:
Calidad general:
Evaluación por paladar:
Balance acidez/azúcar:
Cuerpo:
Desarrollo de aromas:
Calidad en general:

Apariencia:

*10 por ciento, de 0 a 2 puntos. 2-Excelente (brillante con color característico sobresaliente); 1-Buena (claro con color característico); 0-Pobre (levemente pálido/falto de color).

*25 por ciento, de 0 a 5 puntos. 5 Excelente (espuma agradable, burbujas persistentes, claridad y color). 4 Sobresaliente (espuma agradable, burbujas persistentes, claridad y color; con menor intensidad).

Aroma y Bouquet:

*30 por ciento, de 0 a 6 puntos. 6-Extraordinario (indiscutiblemente característico de la variedad de uva o tipo de vino, bouquet complejo y sobresaliente, balance excepcional entre aroma y bouquet). 5-Excelente (aroma característico, bouquet complejo, bien balanceado). 4-Bueno (aroma característico, bouquet distinguible). 3-Aceptable (Tenue aroma y bouquet, agradable). 2-Deficiente (aroma o bouquet imperceptible o con olores extraños). 1-Pobre (olores ofensivos-apagado).

Sabor y Textura:

*30 por ciento, de 0 a 6 puntos. 6-Extraordinario (sabor característico indiscutible de la variedad de uva o tipo de vino, balance extraordinario, aterciopelado, buen cuerpo y avasallador o matador). 5-Excelente (todo lo anterior con menor intensidad, excelente, pero no avasallador o matador). 4-Bueno (característico de la variedad de uva o sabor típico del vino, buen balance, suave, puede presentar minúsculas imperfecciones). 3-Aceptable (vino agradable, corriente, puede presentar sabores raros menores, un tanto desbalanceado, demasiado ligero o aguado). 2-Deficiente (vino corriente con defectos más pronunciados que el anterior). 1-Pobre (sabores desagradables o extraños, pobremente balanceado y/o textura desagradable).

After Taste o dejo 15 por ciento (0-3) (no aplica para vinos espumosos):

3- Excelente (persistente, sobresaliente, con dejo largo en el tiempo). 2- Bueno (agradable, persistente). 1-Pobre (dejo corto e imperceptible).

En General – Conjunto 15 por ciento (0-3):

3- Excelente. 2- Bueno. 1-Pobre.

Calificación Total		Medallas o Galardones
17.5 - 20	Extraordinario	Oro
15 - 17.49	Excelente	Certificado de Plata
12 - 14.9	Bueno	Bronce (opcional)
9 - 11.9	Comercialmente aceptable	
6 - 8.9	Deficiente	
0 - 5.9	Pobre o desagradable	

Hoja Para Degustar Vinos Espumosos:

    Añada:
    Productor:
    Denominación:
    Estilo:
    Evaluación Visual:

Espuma:
Burbujas:
Color:
Evaluación por nariz:
Aromas:
Calidad general:
Evaluación por paladar:
Balance acidez/azúcar:
Cuerpo:
Desarrollo de aromas:
Calidad en general:

Conclusiones generales

Resumen: entre 1 a 20 para cada categoría, para un total de 100, o entre 1 y 4, para un total de 20.

Visual, olfato, gusto, calidad de vinificación, encanto general, total.

Entre más expertos los panelistas o degustadores/catadores, menos guías se dan para la evaluación. Las escuelas de cocina recopilan la mayor cantidad de datos.

SOPEXA, la agencia francesa gubernamental que promueve los vinos de esta nación, tiene afiches y fotos magníficos para colores. La Asociación de Enólogos y Vitivinicultores de los Estados Unidos tiene la rueda de color y la rueda de aroma del vino, muy útiles para aprender a describir sensaciones que percibimos al degustar el vino.

Un vino aceptable en buena compañía es mejor que el mejor vino en la soledad.

¡Salud!

Vuelos

De cata, de degustación, de análisis sensorial o de análisis organoléptico.

Degustar un vino con buena compañía, analizando su etiqueta que es el embajador del mismo no es un vuelo. Cuando se comparan al menos dos (2) vinos, es un vuelo. Ahí no tenemos en cuenta la etiqueta; nuestros sentidos son los que juzgaran comparativamente los vinos en el vuelo.

Los tipos de degustación son:

General: diferentes clases de vinos son degustados. Se empieza con los ligeros, terminando con los más robustos o de mayor cuerpo.

Ejemplo: vino verde portugués (amarillo verdoso), jerez fino Tío Pepe o La Ina (amarillo pálido), Rosado o blush en Estados Unidos (blush es cuando a un vino blanco se le añade cáscara de uva tinta para darle el color); clarete Rioja Tempranillo, tinto translúcido Pinot Noir, Cabernet Sauvignon (rojo intenso).

La cata general nos permite ganar confianza en apreciación del color, cuerpo y dulzor de los vinos.

En febrero 7 de 2003 en el Knowledge Shop en Orlando Florida USA, realizamos vuelo con cinco (5) vinos a saber: Zinfandel Blush, Cava Freixenet, Chardonnay, Merlot y Tempranillo. Ese es un ejemplo de cata general.

Degustación Vertical: El mismo vino o tipo de vino a través de diferentes añadas o cosechas. Se comienza con el más ligero o joven, terminando con el más viejo o añejo. Ejemplo Oporto 2007, 1991, 1985, 1966, 1963,1955 y 1945. Cabernet Sauvignon, Don Melchor 2017, 2013.

Degustación Horizontal: Región, cepa o tipo. El estilo es el diferenciador.

Ejemplos: Chardonnay con segunda fermentación (alcohólica + maloláctica) de California. En Hilton Head Island apreciamos más de 20 vinos en el vuelo de esta categoría.

Cabernet Sauvignon de Argentina, Chile, Perú, Valle de Napa, Paso Robles, Monterrey en California, Chateau Latour de Bordeaux.

Categoría Vermouths: Cora, Gancia, Cinzano, Martinti & Rossi. Otra categoría sería vinos quinados: St. Raphael Quinquina, Gran Vino Sansón, El Coloso.

Cata a ciegas: muy difícil, reservado para los expertos. Permite entrenar el paladar y la mente.

Degustación semiciega: se informa a los participantes o panel de catadores o degustadores la región de origen y cepa desconociendo añada (año de vendimia), elaborador o productor. Se escogen los mejores en el vuelo, que, posteriormente, volverán a ser comparados en otro vuelo.

Ejemplo: Shiraz argentinos o australianos entre US$7 y US$11/botella, que serán comparados en la categoría de $15 a $20/botella donde se compararán vinos del Nuevo mundo con los del Viejo Mundo.

Degustación Comparativa: Estilos similares de vinos como Espumosos Champagne, Cavas, Sekts, Proseccos.

Rojos poderosos o con cuerpo: Barolo de Italia, Chateauneuf du Pape de Francia, Ribera del Duero España, Syrah de Argentina o de Australia.

Los panelistas deben estar sentados en salón con buena luz solar en el día. En la noche la luz incandescente es preferible a la fluorescente. Copas lisas sin ornamento o color alguno en forma de tulipán son apropiadas. Si hay que enjuagarlas hágalo solo con agua. Escupideras de icopor son usadas hoy en día reemplazando los baldes, especialmente si el vino exige ser escupido para la verdadera apreciación del mismo.

Una jarra de agua con vaso es necesaria y puede usar agua mineral sin sabor. Se hace necesaria para limpiar la boca y apreciar el siguiente vino.

Si el vino requiere decantador, debe colocarse la botella frente al decantador o número del vino en el decantador para no cometer errores, salvo si la degustación es a ciegas.

Mantel de papel con círculos numerados donde debe colocarse cada copa.

Hoja de degustación y bolígrafo para escribir notas.

Si se coloca pan o galletas de soda son para neutralizar el paladar, especialmente si se va a participar en varios vuelos.

Use el sentido común; nunca vierta más de 1/3 de la capacidad de la copa para poderla agitar, apreciar claridad y color, aroma, sabor y textura.

Hilton Head Island ofrece 43 categorías de competencia, por ejemplo: Chardonnay (<=$12/botella); Chardonnay ($12-$20/botella); Chardonnay (>$20/botella). Champagne (Vintage/N.V./Roses). Sangioveses; Barbera; Blanco Zinfandel/Blush; Gamais Beaujolais.

Como enófilo se goza más cuando la degustación es recreativa; no está relacionada con el trabajo. Es un arte al alcance de todos, un placer que alegra nuestro cuerpo y espíritu.

EL MUNDO DEL VINO Y SU DEGUSTACIÓN

Hoja de calificación de degustación
Categoría # _____ Vuelo # _____

Nombre del Degustador							
Vino							
Fecha							
Muestra No.	Apariencia (Claridad/Color)	Aroma y Bouquet	Sabor	After Taste	Impresión total	Puntaje	Notas / Comentarios
1							
2							
3							
4							
5							
6							
7							
8							
9							
10							

Hoja de calificación de degustación
Categoría # _____ Vuelo# _____

Nombre del Degustador							
Vino							
Fecha							
Muestra No.	Apariencia (Claridad/Color)	Aroma y Bouquet	Sabor	After Taste	Impresión total	Puntaje	Notas / Comentarios
1							
2							
3							
4							
5							
6							
7							
8							
9							
10							

EL MUNDO DEL VINO Y SU DEGUSTACIÓN

Hoja de calificación de degustación
Categoría # _____   Vuelo# _____

Nombre del Degustador							
Vino							
Fecha							
Muestra No.	Apariencia (Claridad/Color)	Aroma y Bouquet	Sabor	After Taste	Impresión total	Puntaje	Notas / Comentarios
1							
2							
3							
4							
5							
6							
7							
8							
9							
10							

Hoja de calificación de degustación
Categoría # _____ Vuelo# _____

Nombre del Degustador							
Vino							
Fecha							
Muestra No.	Apariencia (Claridad/Color)	Aroma y Bouquet	Sabor	After Taste	Impresión total	Puntaje	Notas / Comentarios
1							
2							
3							
4							
5							
6							
7							
8							
9							
10							

Credo de Michael Broadbent

"Creo en el vino. Creo en sus propiedades medicinales. Es el culmen supremo de todas las bebidas. Atrae los sentidos; sus colores y tonalidades nos invitan anticipadamente; sus fragancias son evocativas y placenteras y mojan el apetito; su sabor es agradable. No solamente nos deleitan e intrigan, sino que su acidez natural nos refresca y los taninos en el vino tinto limpian la boca, preparándonos para el próximo bocado de comida. Completa esas tareas no oficiales ayudando a la digestión, relajándonos (disminuyendo nuestra ansiedad), y estimulando pensamientos agradables, placenteros y la conversación civilizada".[3]

---

[3] Larousse. Enciclopedia del Vino pg. 18,1974 actualizada en 2001 por Larousse.

Producción de vino en el mundo

Algo más de 7,700 millones de galones americanos.
 Países Productores:

Francia	1739
Italia	1701
España	926
Comunidad de Estados Independientes	480
USA	413
Argentina	387
Alemania	357
Suráfrica	257
Rumania	200
Portugal	193

Siguen Chile y otros productores.

EL MUNDO DEL VINO Y SU DEGUSTACIÓN

Para una estadística actualizada visite la página web de la Oficina Internacional de la Viña y el Vino O.I.V. en París, Francia www.oiv.int 35 Rue de Monceau 75008 París, France.

10 hectolitros son 265 galones americanos (1 hl.=100 l.=26.4 galones= 22 galones imperiales.

Hay más de 150,000 vinos diferentes en el mercado.

Hoy en día el vino fino se ha popularizado y está al alcance de todos. No se prive de este placer que aúna la cultura con el arte y la ciencia. Hoy en día tomamos vinos superiores a los que tomaron jefes de Estado antes del año 1960.

Bibliografía

Bodegas & Vinos. Anne Caroline Blanchi. Colección Guías Caviar Bleu. Argentina, 2003. Nicolás Avellaneda 550 Mendoza, Argentina.

El Nuevo Gran Libro del Vino. Segunda edición revisada y ampliada, 1987. Editorial Blume. Milanesat 21-23, 08017 Barcelona Espana. ISBN:84-7031-591-9

El Nuevo Libro del Vino. Carlos Delgado. Alianza Editorial S.A., Madrid, 1998. Calle Juan Ignacio Luca de Tena 15,28027 Madrid-España. ISNB: 84-206-4242-8.

Grape.Publix Supermarkets. Everyday pleasure of wine and food www.Publix/com/wine.Marketing/ Advertising Dept. P.O. Box 32021 Lakeland Fl. 33802-2021, USA.

Exploring Wine. Steven Kolpan-Brian H. Smith – Michael A. Weiss. The Culinary Institute of America 1966. Published by John Wiley & Sons

Inc. *605 Third Avenue New York, NY 19158-0012 USA. ISBN:0-471-28626-5.*
Italian Wines. The Simon and Schuster Guide. Burton Anderson. Fireside. Simon & Schuster Building Rockefeller Center, 1230 Avenue of the Americas New York, NY 10020 USA. ISBN:0-671-6384843-2.
La Guia Joy de Vinos de Argentina. Fabricio G. Portelli. Gustavo Choren. Juan Aznarez 2002. Thames 2050, Buenos Aires, Argentina. ISBN: 987-20793-0-7.
Larousse des Alcohols. Jacques et Bernard Salle. Librairie Larousse 1982.17, rue du Montparnasse et boulevard Raspail 114,75006, París, France. ISBN:2-03-508206-3.
Manual Práctico del Sommelier. Miguel A. Torres. Comercio 22 Apartado 13 – 08720 Vilafranca del Penedes, España. Editado por Edivisa, Barcelona, España. Depósito Legal B.8.89.
Tasting Score Sheet. Hilton Head Area Hospitality Association P.O. Box 5097 Hilton Head, Island SC 29928 USA. www.hiltonheadisland.com/hospitalityassociation.
The Complete Wine Country Guidebook. 1992 Published by Indian Chief Publishing House. Tahoe City, C.A., USA. ISBN: 0-916841-28-6.

EL MUNDO DEL VINO Y SU DEGUSTACIÓN

The every day. Guide to Wine. Jennifer Simonetti-Bryan Master of Wine. The Great Courses. 4840 Westfield Blvd. Ste. 500 Chantilly VA 20151-2299 USA.

The Instant Sommelier: Choosing your best wine. Paul Wagner Napa Valley College. The Great Courses 4840 Westfield Blvd. Ste. 500 Chantilly VA 20151-2299 USA.

The Inter Vin Guide to Award-Wining Wine 1990. Andrew Sharp P.O. Box, 488 Don Mills, Ontario Canadá, M3C272 ISBN:0-9695005-0-5.

The Magic of Wine. Jacqueline L. Guillen & George H. Boynton Sr. Taylor 2000.Taylor Publishing Co. 1550 West Mockingbird Lane, Dallas, TX 75235 USA. ISBN: 0-87833-173-5.

The New Signet Book of Wine. Alexis Bespaloff, 1971.The New American Library Inc.,1633 Broadway, New York, NY 10019 USA. ISBN: 4-567-891011.

The White Wine Companion. A Connoisseur's Guide. Godfrey Spence. 1998.Firefly Books 3680 Victoria Park Avenue Willowdale, Ontario M2H 3K1 Canadá ISBN: 1-55209-258-5.

Total Wine & More.Guide to Wine. Publishers David Trone & Robert Trone. Tampa Store 1720 N. Dale Mabry Hwy. Tampa FL, 33610 USA.

Un monde merveilleux. Les Etiquettes de Vin 1981 George Renoy. Berger-Levrault/Rossel.Rossel. Edition Berger-Levraut, 339 boulevard Saint Germain 75007, París, France ISBN: 2-7013-0542-X.

Vinos y Licores. Editorial Everest S.A. Segunda Edicion. Carretera Leon –La Coruña Km. 5 Leon Esapana ISBN: 84-241-2994-6.

Wine Spectator. Marvin R. Shanken Editor & Publisher 387 Park Avenue South, New York, NY 10016 USA.

Wines and Spirits. L.W. Morrison, 1957 Penguin Books Inc. 3300 Clipper Mill Road, Baltimore 11, MD USA.

Wines From Spain Far From Ordinary Wine. Guide 2005-2006 Trade Commission of Spain 405 Lexington Avenue 44th floor New York, NY 10174-4499 USA.

Wines & Vines. 1800 Lincoln Avenue, San Rafael CA 94901-1298 USA.

EL MUNDO DEL VINO Y SU DEGUSTACIÓN

Nombre del Degustador							
Vino							
Fecha							
Muestra No.	Apariencia (Claridad/Color)	Aroma y Bouquet	Sabor	After Taste	Impresión total	Puntaje
1						
2						
3						
4						
5						

Nombre del Degustador							
Vino							
Fecha							
Muestra No.	Apariencia (Claridad/Color)	Aroma y Bouquet	Sabor	After Taste	Impresión total	Puntaje
1						
2						
3						
4						
5						

EL MUNDO DEL VINO Y SU DEGUSTACIÓN

Nombre del Degustador						
Vino						
Fecha						
Muestra No.	Apariencia (Claridad/Color)	Aroma y Bouquet	Sabor	After Taste	Impresión total	Puntaje
1						
2						
3						
4						
5						

Sobre el Autor

Oscar Hernán Rojas, nació en el mundo del vino, en Bogotá, en 1949. Estudió en el Liceo de Cervantes, Universidades de Notre Dame, Andes, Externado de Colombia, Técnica de Hannover, Seminario Superior de Vitivinicultura de la Oficina Internacional de Vino O.I.V.; adelantó prácticas de laboratorio en la estación enológica de Franconia en Wurzburg, asistiendo a los programas del Instituto Alemán del Vino en Meinz y la Academia del Vino en Kloster Eberbach. Jefe de producción de Bodegas Añejas en Bogotá. Miembro del Comité de Vinos del Instituto Colombiano de Normas Técnicas ICONTEC, miembro de su Consejo Directivo, también se desempeñó como director ejecutivo de la Corporación Colombiana de Productores de Vinos CORPOVINOS, de la Asociación Colombiana de Importadores de Vinos y Licores ACODIL, de la Federación Nacional de Comerciantes FENALCO, seccional Bogotá-Cundinamarca, miembro de su junta directiva. Profesor universitario, reside en la Florida desde hace 20 años, donde ha dictado seminarios en el *Knowledge Shop* y La Prensa en Orlando.

CPSIA information can be obtained
at www.ICGtesting.com
Printed in the USA
LVHW071652141121
703300LV00018B/921